Inhalt

Süßwaren - Heißhunger auf Salziges stützt die Branche

Kernthesen

Beitrag

Fallbeispiele

Zahlen und Fakten

Weiterführende Literatur

Impressum

Süßwaren - Heißhunger auf Salziges stützt die Branche

Markus Hofstetter

Kernthesen

- Nachdem die deutsche Süßwarenbranche 2012 ein Minus verzeichnet hatte, drehten 2013 die Zahlen wieder ins Positive.
- Salzige Snacks bleiben die wachstumsstärkste Kategorie im Süßwarensegment.
- Die Discounter sind für fast die Hälfte des Süßwarenabsatzes in Deutschland verantwortlich.
- Süßwarenhersteller wollen vom Trend zu gesunden Lebensmitteln profitieren.

Beitrag

Inlands- und Auslandsgeschäft stützen die deutsche Süßwarenindustrie

2012 musste die deutsche Süßwarenbranche erstmals seit längerem ein Minus verkraften. Doch 2013 drehten sich Umsatz- und Absatzzahlen wieder ins Positive. Die rund 220 deutschen Süßwarenhersteller haben laut dem Bundesverband der Deutschen Süßwarenindustrie (BDSI) im vergangenen Jahr ihren Umsatz um rund 2,8 Prozent auf knapp 12,5 Milliarden Euro gesteigert. Die Produktion erhöhte sich um 3,7 Prozent auf 3,96 Millionen Tonnen. Die Preise für Süßwaren stieg um 1,6 Prozent. Nach Einschätzung der Branche könnte es auch 2014 zu einer ähnlich hohen Preiserhöhung kommen. Vor allem die Hersteller von Knabber-Artikeln erhoffen sich wegen der bevorstehenden Fußball-WM deutliche Umsatzzuwächse. Auch das Exportgeschäft mit Süßwaren entwickelte sich wieder positiv. Insgesamt wurden rund 1,81 Millionen Tonnen Süßwaren und Knabber-Artikel ausgeführt. Dies entspricht ein Zuwachs von 4,3 Prozent gegenüber 2012. Der dabei erwirtschaftete Umsatz fiel mit rund

6,19 Milliarden Euro um 2,8 Prozent höher aus als 2012. Etwa 85 Prozent aller Süßwarenausfuhren gingen in andere EU-Mitgliedstaaten. Unter den Drittländern dominierten als Abnehmer die USA und die Schweiz, gefolgt von Russland und Australien. Die im Inland vermarktete Süßwarenmenge nahm um 1,4 Prozent auf rund 2,6 Millionen Tonnen zu, der entsprechende Umsatz erhöhte sich um drei Prozent auf rund 9,1 Milliarden Euro. Ein Grund für den Zuwachs ist der ungebrochene Hunger der Bundesbürger auf Süßes. Der Pro-Kopf-Verbrauch von Süßwaren stieg 2013 um 1,4 Prozent auf 32,3 Kilogramm. Die Pro-Kopf-Ausgaben erhöhten sich sogar um drei Prozent auf 112,75 Euro. (1), (2), (3)

Süßwarenabsatz profitiert vom Trend zum Knabbern

Wie haben sich die einzelnen Süßwarengruppen entwickelt? Das größte Umsatzwachstum im Jahresverlauf 2013 bis zur Kalenderwoche 44 verzeichneten Salzige Snacks. Der Umsatz in dieser Warenklasse erhöhte sich im Berichtszeitraum um 8,2 Prozent auf rund 2,05 Milliarden Euro. Der Absatz zeigte mit plus 10,8 Prozent eine noch größere Dynamik. Nahezu alle Segmente legten zu, die höchsten prozentualen Anstiege gab es bei Kartoffelchips, Edelnüssen, Erdnusskernen,

Studentenfutter, Salzbrezeln und Kräckern.

Zweitstärkste Wachstumskategorie bei den Süßwaren sind die Süßgebäcke. Sie verzeichneten einen Wertzuwachs von 6,5 Prozent auf 1,44 Milliarden Euro. Die Absatzsteigerung wies einen ähnlich hohen Wert wie Salzige Snacks auf. Vor allem die großen Segmente wie Sandwichgebäck, Sonstiges Gebäck mit/ohne Schokolade und Waffeln haben die Entwicklung vorangetrieben. Unterstützt wurde das Wachstum durch eine leichte Zunahme bei den Promotionsumsätzen um 0,9 Prozentpunkte.

Das Umsatzwachstum der Zuckerwaren von 3,6 Prozent auf rund 2,28 Milliarden Euro ging vor allem auf das Konto von Frucht- und Weingummi. Das umsatzstärkste Segment legte um mehr als acht Prozent zu, während die Absätze um knapp drei Prozent stiegen. Zahlreiche andere Segmente wiesen ebenfalls eine positive Entwicklung auf. Für die insgesamt überdurchschnittliche Entwicklung waren neben den Preisentwicklungen auch die um 1,5 Prozentpunkte gestiegenen Promotionsaktivitäten verantwortlich.

In der größten Kategorie Schokoladenwaren blieben die Preise trotz der angespannten Rohstoffsituation nahezu stabil. Dies schlug sich in einem nur leichten Umsatzanstieg um 1,9 Prozent auf rund 4,69

Milliarden Euro nieder. Der Absatz erhöhte sich um 1,6 Prozent. Die stärksten Umsatz- und Absatzgewinne verzeichneten Osterartikel, Schokoriegel, Pralinen mit Alkohol und Tafelschokolade in Formaten unter 100 Gramm. Die Promotionsumsätze erhöhten sich um 0,7 Prozentpunkte. (4), (5), [Abb. 1]

Bundesbürger kaufen ihre Süßigkeiten am liebsten beim Discounter

Wo kaufen die Deutschen ihre Süßigkeiten? Es dominieren die Discounter, die fast die Hälfte des gesamten Süßwarenumsatzes auf sich verbuchen. Diese Vertriebsschiene wies 2013 mit einem Plus von 6,5 Prozent auf knapp 4,9 Milliarden Euro Umsatz bis zur Kalenderwoche 44 auch den höchsten Zuwachs auf. Es folgen die großen und kleinen Verbrauchermärkte, die gemeinsam für rund 3,3 Milliarden Euro Umsatz stehen. Dabei zeigten die kleinen Verbrauchermärkte mit einem Plus von 5,5 Prozent eine dynamischere Entwicklung als die Großflächen mit 3,3 Prozent. Einen leicht positiven Trend gab es auch bei den großen Supermärkten, die um 0,8 Prozent auf 1,3 Milliarden Euro Umsatz zulegten. Dagegen schwächelten die Drogerie- und

Impulsmärkte. Erstere verzeichneten ein Minus von 3,6 Prozent auf 389 Millionen Euro Umsatz, letzte ein Minus von 3,9 Prozent auf 573 Millionen Euro Umsatz. (4), [Abb. 2]

Wie der Handel von den Süßwaren profitiert zeigt ein Vergleich der Flächenproduktivität und der Rendite verschiedener Warengruppen. Bei Süßwaren allgemein liegt die Flächenproduktivität laut EHI Retail Institute bei 6 700 Euro pro Quadratmeter, die Rendite bei 4,6 Prozent. Die Kategorie Salzige Snacks schafft sogar bei 7 000 Euro Umsatz pro Quadratmeter eine Rendite von 8,3 Prozent. Im Vergleich dazu liegt die Rendite bei Obst und Gemüse bei 0,8 Prozent, bei Tiernahrung bei 0,5 Prozent. (6), [Abb. 3]

Schokoladenhersteller verfolgen unterschiedliche Strategien gegen Rohstoffprobleme

Die Schokoladenhersteller haben mit Rohstoffproblemen zu kämpfen. Ihnen machen die steigenden Preise für Rohkakao zu schaffen. So schwankte zwischen 2000 und 2010 dessen Preis nach Angaben der International Cocoa Organization zwischen 774 und 3 700 Dollar pro Tonne. Neben dem

Wetter spielen Krankheitsbefall, das Konsumverhalten, aber auch die Lagerbestände, die politische Stabilität in den Anbauländern und Spekulationen eine Rolle. Ende 2013 lag der Preis von Rohkakao mit 2 825 Dollar wegen einer erwarteten Verknappung des Angebots auf einem Zweijahreshoch. Der Kostenanteil für Rohkakao an einer handelsüblichen Tafel Vollmilchschokolade zum Ladenpreis von 69 Cent beträgt etwa sechs Cent. Wegen der unstabilen Preise kann dieser Kostenanteil um ein bis zwei Cent schwanken. Doch der Preisspielraum der Hersteller ist minimal, da bei der Vergabe von Aufträgen durch den Handel oft Cent-Beträge entscheiden. Schlimmer ist es für Hersteller von Pralinen, die aus bis zu 70 Prozent Kakao bestehen. Die Preisschwankungen bei Rohkakao können hier zu einer existenzbedrohenden Lage führen.

Die Produzenten haben verschiedene Strategien entwickelt, um sich von den schwankenden Kakaopreisen unabhängiger zu machen. So baut Ritter Sport seit zwei Jahren in Nicaragua eine eigene Kakaoplantage mit 1 300 Hektar Anbaufläche auf. Ab 2016 werden die Bäume das erste Mal Früchte tragen. Ritter Sport plant, damit langfristig rund ein Drittel seines Kakaobedarfs zu decken. Andere Hersteller reagieren mit hochwertigeren Produkten und neuen Verpackungskonzepten, die eine Vergleichbarkeit erschweren. Schokoladen mit edlen Zutaten wie Arriba-Kakao aus Ecuador oder Trinitario-Kakao, der nur fünf Prozent der weltweiten Produktion ausmacht, verzeichneten zuletzt einen deutlichen Aufwärtstrend. Ein Beispiel für den Erfolg von Premiumschokolade ist Lindt. Insgesamt haben die Schweizer 2013 ihren Umsatz um acht Prozent gesteigert, im Premiumsegment soll der Zuwachs sogar im deutlich zweistelligen Bereich liegen. Ein weiteres Beispiel ist die österreichische Schokoladen-Manufaktur Zotter, die eine Packung mit 24 Biopralinen und zwei Tafeln Edelschokolade für 26,80 Euro verkauft. (7)

Trends

Süßwarenhersteller wollen sich um Gesundheit verdient machen

Fleischlos essen und funktionale Lebensmittel liegen im Trend. Auch die Süßwarenproduzenten wollen davon profitieren und haben entsprechende Produkte im Angebot. So bieten die Katjes Fassin GmbH, die Georg Rösner Vertriebs GmbH und die Dr. C. Soldan GmbH Fruchtgummis ohne tierische Gelatine an. Das sechs Sorten umfassende Soldan-Sortiment hat dem

Unternehmen nach eigenen Angaben im vergangenen Jahr einen Umsatzzuwachs von etwa acht Prozent beschert. Katjes hat im Frühjahr 2013 seine Veggie-Range um das Produkt Grün-Ohr-Bärchen erweitert. Top Sweets verzichtet bei den neuen Fruchtsnacks namens Fruit Apps und Fruit Cubes ebenfalls auf den Einsatz tierischer Gelatine. Schokoladenhersteller dagegen bauen auf funktionelle Süßwaren. Double Hill hat die Amunda Gelenkschokolade auf den Markt gebracht. Der darin enthaltene Wirkstoff Chondroitin soll positive Effekte auf die Gesundheit von Knochen, Knorpel und Muskeln haben. Hergestellt wird die Gelenkschokolade von der Halloren Schokoladenfabrik in Halle. Bislang verkaufen hauptsächlich Versandapotheken die Wirkstoffschokolade zum Preis von rund fünf Euro für sieben Schokoladentäfelchen à acht Gramm. Die Schweizer Firma Callebaut hat 2013 als erstes Unternehmen von der EU-Kommission die Genehmigung für ein Gesundheitsversprechen für seine nach dem sogenannten Acticoa-Verfahren hergestellten Produkte erhalten. Bestimmte Pflanzenstoffe im Kakao sollen die Elastizität der Blutgefäße aufrechterhalten und zu einem normalen Blutfluss beitragen. (8)

Fallbeispiele

Hershey: will Schokolade drucken

Der amerikanische Süßwarenriese Hershey wird mit Schokolade aus dem 3D-Drucker experimentieren. Dafür ging der Lebensmittelkonzern eine Partnerschaft mit der Spezialfirma 3D Systems ein. Auch die Möglichkeiten zum Drucken anderer Lebensmittel sollen erforscht werden.

Beim 3D-Druck werden Gegenstände aus extrem dünnen Schichten von Materialien erstellt. Auf der Elektronik-Messe CES in Las Vegas waren Anfang des Monats bereits Schoko-3D-Drucker im Einsatz zu sehen. (9)

Mars: arbeitet mit TransFair zusammen

Mars Deutschland kooperiert mit TransFair bei dessen neuen Fair Trade-Kakao-Programm. Damit senkt die Fairtrade-Initiative die Einstiegshürde für Hersteller. Um das neu kreierte Programm-Siegel mit dem Fairtrade-Logo anbringen zu dürfen, muss nur der Rohstoff programmkonform beschafft werden. Bei der Zertifizierung für das herkömmliche Siegel muss dagegen das fertige Endprodukt den Fairtrade-Kriterien genügen.

Mars Deutschland will ab 2015 ein Kakaovolumen zu Fairtrade-Bedingungen beziehen, das der Menge aller in Deutschland verkauften Twix-Riegel entspricht, teilte das Unternehmen mit. (10)

Zahlen & Fakten

Abbildung 1: Zugenommen - Entwicklung der Süßwarenklassen

Süßwarenklasse	2012 bis KW 44	2013 bis KW 44	Differenz in Prozent
Gebäck	1.354	1.441	6,5
Salzige Snacks	1.891	2.046	8,2
Schokoladenwaren	4.605	4.691	1,9
Zuckerwaren	2.202	2.282	3,6
Gesamt*	**10.052**	**10.460**	**4,1**

* in LEH, DM, Impuls, Tankstellen, Kauf- und Warenhäusern Quelle: Nielsen Entnommen aus: Lebensmittel Zeitung, 4/2014, S. 51, (4)

Abbildung 2: Dickes Plus im Discount

Entwicklung Süßwaren nach Geschäftstypen

	2012 bis KW 44	2013 bis KW 44	Differenz in Prozent
Discounter	4.597	4.898	6,5
VM groß	1.824	1.885	3,3
VM klein	1.322	1.395	5,5
Supermärkte	1.309	1.320	0,8
Drogeriemärkte	403	389	-3,6
Impuls, Tankstellen, Kauf- und Warenhäuser	596	573	-3,9
gesamt	**10.052**	**10.460**	**4,1**

Quelle: Nielsen Entnommen aus: Lebensmittel Zeitung, 4/2014, S. 51, (4)

Abbildung 3: Süßwaren schlägt Obst und Gemüse

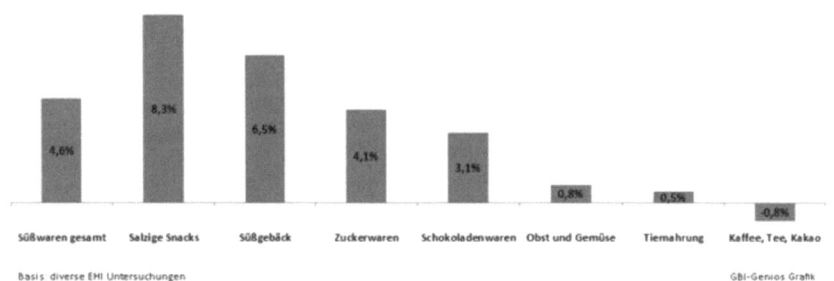

Entnommen aus: Lebensmittel Zeitung, 4/2014, S. 46, (6)

Weiterführende Literatur

(1) Deutsche essen jährlich mehr als 32 Kilo Süßes
aus www.lebensmittelzeitung.net vom 21.01.2014

(2) Süßwarenbranche bleibt auf Wachstumskurs
aus Agra-Europe (AgE), 55. Jahrgang Nr. 5 vom 27.01.2014

(3) Süßwaren-Branche hofft auf den WM-Effekt
aus www.lebensmittelzeitung.net vom 22.01.2014

(4) Positive Süßwaren-Bilanz
aus Lebensmittel Zeitung 04 vom 24.01.2014 Seite 051

(5) Gute Perspektiven und große Herausforderungen
aus Lebensmittel Praxis Heft 01/2014, Seite 47

(6) Dialog und Snacks
aus Lebensmittel Zeitung 04 vom 24.01.2014 Seite 046

(7) Chance Exportmarkt
aus Rundschau für den Lebensmittelhandel Nr. 02 vom 01.02.2014 Seite 32

(8) Süßes für Vegetarier
aus Lebensmittel Zeitung 04 vom 24.01.2014 Seite 052

(9) Hershey setzt auf 3D-Druck
aus www.lebensmittelzeitung.net vom 17.01.2014

(10) Fairtrade gewinnt Mars als neuen Partner
aus www.lebensmittelzeitung.net vom 27.01.2014

Impressum

Süßwaren - Heißhunger auf Salziges stützt die Branche

Bibliografische Information der deutschen Nationalbibliothek

Die Deutsche Nationalbibliothek verzeichnet diese Publikation in der deutschen Nationalbibliografie; detaillierte bibliografische Daten sind im Internet über http://dnb.d-nb.de abrufbar.

ISBN: 978-3-7379-5725-0

© 2015 GBI-Genios Deutsche Wirtschaftsdatenbank GmbH, Freischützstraße 96, 81927 München, www.genios.de

Alle Rechte vorbehalten. Dieses Werk ist einschließlich aller seiner Teile – z.B. Texte, Tabellen und Grafiken - urheberrechtlich geschützt. Jede Verwertung außerhalb der Grenzen des Urheberrechtsgesetzes bedarf der vorherigen Zustimmung des Verlags. Dies gilt insbesondere auch für auszugsweise Nachdrucke, fotomechanische Vervielfältigungen (Fotokopie/Mikroskopie), Übersetzungen, Auswertungen durch Datenbanken oder ähnliche Einrichtungen und die Einspeicherung und Verarbeitung in elektronischen Systemen.